千古一帝
——秦始皇

◎ 主编 金开诚

◎ 编著 张 皓

吉林出版集团有限责任公司
吉林文史出版社

图书在版编目（CIP）数据

千古一帝——秦始皇 / 张皓编著 . 一长春：吉林
出版集团有限责任公司：吉林文史出版社，2010.11（2022.1重印）
ISBN 978-7-5463-4116-3

Ⅰ.①千… Ⅱ.①张… Ⅲ.①秦始皇（前259～前
210）–传记–通俗读物 Ⅳ.① K827=33

中国版本图书馆 CIP 数据核字（2010）第 222346 号

千古一帝——秦始皇

QIANGU YIDI QINSHIHUANG

主编/金开诚　编著/张　皓

项目负责/崔博华　责任编辑/崔博华　邱　荷

责任校对/邱　荷　装帧设计/李岩冰　刘大昕

出版发行/吉林文史出版社　吉林出版集团有限责任公司

地址/长春市人民大街4646号　邮编/130021

电话/0431-86037503　传真/0431-86037589

印刷/三河市金兆印刷装订有限公司

版次/2010年11月第1版　2022年1月第6次印刷

开本/650mm×960mm　1/16

印张/9　字数/30千

书号/ISBN 978-7-5463-4116-3

定价/34.80元

前　言

　　文化是一种社会现象，是人类物质文明和精神文明有机融合的产物；同时又是一种历史现象，是社会的历史沉积。当今世界，随着经济全球化进程的加快，人们也越来越重视本民族的文化。我们只有加强对本民族文化的继承和创新，才能更好地弘扬民族精神，增强民族凝聚力。历史经验告诉我们，任何一个民族要想屹立于世界民族之林，必须具有自尊、自信、自强的民族意识。文化是维系一个民族生存和发展的强大动力。一个民族的存在依赖文化，文化的解体就是一个民族的消亡。

　　随着我国综合国力的日益强大，广大民众对重塑民族自尊心和自豪感的愿望日益迫切。作为民族大家庭中的一员，将源远流长、博大精深的中国文化继承并传播给广大群众，特别是青年一代，是我们出版人义不容辞的责任。

　　本套丛书是由吉林文史出版社和吉林出版集团有限责任公司组织国内知名专家学者编写的一套旨在传播中华五千年优秀传统文化，提高全民文化修养的大型知识读本。该书在深入挖掘和整理中华优秀传统文化成果的同时，结合社会发展，注入了时代精神。书中优美生动的文字、简明通俗的语言、图文并茂的形式，把中国文化中的物态文化、制度文化、行为文化、精神文化等知识要点全面展示给读者。点点滴滴的文化知识仿佛颗颗繁星，组成了灿烂辉煌的中国文化的天穹。

　　希望本书能为弘扬中华五千年优秀传统文化、增强各民族团结、构建社会主义和谐社会尽一份绵薄之力，也坚信我们的中华民族一定能够早日实现伟大复兴！

目录

一、人物身世

秦始皇（公元前259—公元前210年），中国第一个封建王朝——秦王朝的始皇帝，后人称之为"千古一帝"。

秦始皇的父亲秦庄襄王，名异人，后改名子楚。异人原是秦国的公子，曾被作为人质留在赵国，在阳翟被邯郸大商人吕不韦发现。吕不韦认为立一国之王最为得利，便把自己已有身孕的小妾赵姬嫁给了子楚，同时不惜千金为子楚立为太子

而积极活动，终于子楚得到了孝文王后华阳夫人的同意，被立为太子。孝文王元年（公元前250年），孝文王死，子楚继位为庄襄王，吕不韦因"拥立有功"被封为相国、文信侯，食邑河南洛阳十万户，还兼任太子嬴政的老师。

秦王嬴政元年（公元前246年），庄襄王死，13岁的嬴政继承王位，因年幼朝政由太后赵姬和相国吕不韦及嫪毐掌管。秦王嬴政九年（公元前238年）嬴政

22岁时，在故都雍城举行了成人加冕仪式，正式登基，"亲理朝政"。亲政后不久就立即消灭了擅权干政的宦官嫪毐，罢黜了权相吕不韦，并任用尉缭、李斯等人。此时的秦国，自秦孝公变法以来，经历六世，至秦王嬴政时，已经发展成为七国中最强的一个国家。自公元前230年至公元前221年，秦王嬴政凭借雄厚的国力，以横扫六合、气吞八荒之势，先后灭韩、赵、魏、楚、燕、齐六国，统一天下，

结束了春秋战国五百多年的分裂割据局
面，建立了中国历史上第一个统一的多
民族的专制主义中央集权制国家——秦
朝。

统一天下后，秦王嬴政认为自己的功
劳胜过之前的三皇五帝，于是将大臣议定

的尊号改为"皇帝",自称始皇帝,宣布子孙称二世、三世,以至万世,代代承袭。

称帝以后,秦始皇雷厉风行地改革旧制,在全国范围内废除分封制,代以郡县制,修筑西起临洮(今甘肃岷县)东至辽东的万里长城,并且统一了文字和度量衡。这些措施都适应了社会发展的潮流,为我国历史的前进作出了巨大的贡献。

秦始皇后期,他变得志满意骄,凶暴残忍。他无休止地征调服役,修建豪华的阿房宫和骊山陵墓,先后进行了五次大规模的巡游,在名山胜地刻石记功,耀武扬威。同时为求长生不老之药,又派方士徐福率童男童女数千人至东海求取仙药等等,耗费了巨大的人力、物力和财力,加深了人民的苦难。公元前210年,秦始皇巡游返至平原津时得病,行至沙丘(今河北广宗西北),秦始皇病死。秦二世胡亥即位后不久,即爆发了由陈胜、吴广领导的农民起义。不久后,秦朝灭亡。

据《史记·吕不韦列传》记载，秦始皇的母亲原是吕不韦的姬妾，吕不韦出于政治目的将已怀有身孕的赵姬献给异人（即秦庄襄王），后来赵姬生子嬴政；又据《史记·秦始皇本纪》记载："秦始皇帝者，秦庄襄王子也。庄襄王为秦质子于赵，见吕不韦姬，悦而取之，生始皇。"作为一个并不受宠爱的质子的儿子，嬴政

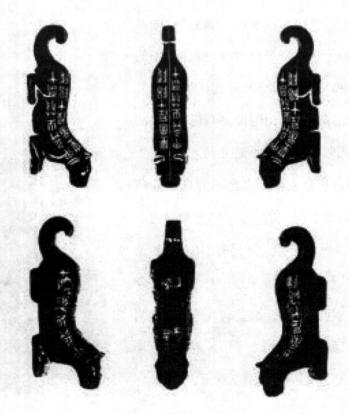

的少年时光是在赵国都城邯郸度过的，
此时异人经吕不韦从中斡旋已然回到秦
国，并认华阳夫人为母，经过多次政治斗
争终于获得了华阳夫人的信任。吕不韦又
花费大量精力与金钱将赵姬母子接回秦
国，从此嬴政开始了他在秦王宫里的政治
生涯。

　　对于秦始皇来说，最熟悉的女性莫

过于他的母亲了。在秦始皇3岁的时候，父亲异人将他们母子作为人质留在了赵国。母亲赵姬曾是吕不韦的姬妾，所以"两个父亲"的传言一直伴随嬴政的成长，再加上赵国人的唾弃、鄙视，让年幼的秦始皇对母亲——这个唯一可以依靠的人充满了爱与恨的复杂感情。

秦始皇与母亲相依为命。从出生一直到9岁，这个阶段正好是一个孩子心理发育的重要阶段。他无法形成对远在秦国父亲形象的认同，也无法培养出对母亲形象的认同，更无法培养出对仲父——吕不韦这个也许是亲生父亲形象的认同。这些复杂的状况造成了秦始皇复杂的心理感受。他必须依靠唯一的亲人——母亲才能生存下来，但他又鄙视和讨厌自己母亲的行为，因为这些行为造成了他幼年心灵巨大的创伤。所有的这些创伤带来的不良情绪都会投射到母亲身上。

二、初展雄才，独揽权柄

公元前246年，庄襄王去世，嬴政即位为秦王。按照秦国的制度，国君年满22岁要举行冠礼，然后才能处理国政。嬴政即位时由于年少，国政由相国吕不韦把持，并尊吕不韦为"仲父"（即次父）。吕不韦既把持朝廷，又与太后（赵姬）偷情。他见秦始皇日渐年长，怕被发现，想离开赵太后，但又怕太后怨恨，所以献假宦官嫪毐给太后，嫪毐假施腐刑，只拔掉

胡子就进入宫中。秦始皇日渐长大，于是他们就骗秦始皇，说太后寝宫风水不好，应搬离这里，秦始皇信以为真。于是他们搬到离秦始皇较远的地方，结果太后在这里生下了两个私生子，而假宦官嫪毐亦以王父自居。在太后的帮助下，嫪毐被封为长信侯，领有山阳、太原等地，自收党羽。这是太后在秦王嬴政亲政前通过嫪毐而夺取权力的阴谋，以便她在秦王嬴政亲政后能够继续干预政事。同年，吕不韦把在他主持下，由宾客们"上观尚古，删拾《春秋》，集六国时事""兼儒墨""合名法"而撰成的杂家著作《吕氏春秋》一书，公布于咸阳城门之上。书中提道："天下，非一人之天下。"并指出对其书有"能增损一字者赏千金"，妄图使自己的政治主张和学说定为至尊，并在秦王嬴政亲政后，仍以"仲父"加老师的身份对其进行教导，以便实现他的意图，进而巩固自己的地位和权势。此时的嫪毐经过在雍城的长年经营，建立了自己庞大的势力，他是继吕不韦之后又一股强大的政治势力。

秦王嬴政自即位到亲政的八年时间里，一切政事都由太后赵姬、吕不韦和嫪毐决断。吕不韦、嫪毐两人不仅为相封侯，而且先后与太后赵姬私通，结成了一个腐朽堕落的政治集团，左右着朝政。当时宦官中流传着"与嫪反乎？与吕反乎？"的言论，严重地危害了秦政权的巩固和发展，更不利于秦王嬴政统一天下大志

的实现。在这种情况下成长起来的秦王嬴政，由于不甘心做傀儡而养成了刚毅、独断的性格。秦王九年（公元前238年），22岁的秦王嬴政在雍都蕲年宫举行加冠、佩剑典礼，标志着国君亲理政事管理国家的开始。四月，正当秦王嬴政要举行典礼之际，嫪毐盗用秦王御玺及太后玺征发县卒、卫卒、官骑等军队发动武装政变，向秦王居住的蕲年宫进攻。秦王嬴政得到消息后，果断决定派相国昌太君、昌文君率兵镇压，双方军队战于咸阳，嫪毒兵败后落荒而逃，没过多久便被逮捕。参加叛乱的卫尉竭、内丈肆、佐弋竭、中大夫令齐等二十余人被杀。秦王嬴政将嫪毒五马分尸，曝尸示众；其舍人被发配到属地四千家。同时又把母亲赵姬关进雍都的咸阳宫，杀掉了她与嫪毒私通所生的两个儿子。第二年，秦王嬴政为消灭政敌，以嫪毒事牵连吕不韦为由，下令免除吕不韦的相职，并指责他无功、无亲于秦，最后吕不韦畏罪自杀。秦王嬴政执政后，在两年之中就解决了嫪毒、吕不韦集团，将政权集中在自己之手，初展了他的雄才大略。

三、重才任人，统一中国

（一）重才任人

秦王嬴政亲政后，韩、赵、魏、燕、齐、楚各国已经处于衰落地位，朝不保夕。消灭六国、完成统一的历史任务，无疑落在了秦王嬴政的肩上。但"合纵"（指六国联合对抗秦国）与"连横"（六国从属于秦国）的策略仍然对立地存在着。韩非当时曾分析形势说："燕在北

方，魏在南面，再与最南方的楚国联合，然后还要与东方的齐国建立巩固的关系，再把近秦而贫弱的韩国连在一起结成合纵，组成一个由北向南的战线去对抗强秦，是必然要失败的。"李斯也提道："山东六国，对于秦来说，如同处于郡县地位一样。以秦之强足以灭六国，统一天下，创建帝业。"历史的重任摆在了秦王嬴政的面前，采取什么样的措施进行统一，是秦王嬴政亟待解决的问题。

　　在关系到历史前途重大问题的关键
时刻，秦王嬴政能够发扬秦国重才任人，
听取意见的优良传统。韩国曾派水工郑
国入秦，以兴修水利为名，行疲秦之计，
以水利工程拖住秦的人力、物力、财力，
使其无暇东顾进行军事行动，该计划后
被秦王发觉，加之嫪毐、吕不韦集团事
件曾引起宗室大臣对旅秦客卿的不满，
于是大臣们对秦王说："各诸侯国来秦的
人，都是各为其主，请秦王全部驱除。"

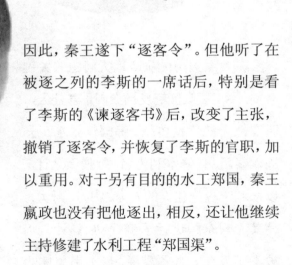

因此，秦王遂下"逐客令"。但他听了在被逐之列的李斯的一席话后，特别是看了李斯的《谏逐客书》后，改变了主张，撤销了逐客令，并恢复了李斯的官职，加以重用。对于另有目的的水工郑国，秦王嬴政也没有把他逐出，相反，还让他继续主持修建了水利工程"郑国渠"。

在秦王撤销逐客令的同时，魏国大梁人缭来事秦，他向秦王分析了当前的形势并指出：以秦国的实力消灭东方各诸侯国是不成问题的，但是各诸侯国合纵抗秦，也会给秦国的统一六国造成很大困难。因此，他向秦王嬴政献破合纵之策：一是离间各诸侯国的君臣关系，用三十万金贿赂各国权臣，以乱其谋，为秦所用；二是进行暗杀活动，对各国不受贿赂而坚持为敌的名臣重将，则设法杀害，以削弱各国实力；三是派良将率大军压境，进而消灭各国。这一计谋得到了秦王嬴政的赏识，他任用缭为太尉统领兵权，由李斯具体执行其计划。由于六国日益衰败，使秦的计划得以施展。

在国内政治生活中，秦王嬴政也能听取有识之士的建议。如魏人姚贾入秦后，提出以金千斤破燕、赵、吴、楚四国合纵的计策；在用人上提出了要任其才能、不要求全责备的建议，都得到了秦王嬴政的赞赏。齐国人茅焦入秦后，敢于冒死直谏，指责秦王嬴政因嫪毐事件软禁太后是不对的，秦王也接纳了，并复归太后于甘泉宫。秦王政十四年，韩非到秦国后，向秦王提出了兼并六国的计策，即首灭韩、赵、魏，以远交近攻的策略破合纵，然后消灭各国统一天下。

虽然韩非后来被李斯、姚贾陷害而入狱自杀，但他集法家之大成的法、术、势的思想，均为秦王嬴政所接受，并贯穿于其施政之中。

（二）统一中国

秦王嬴政十一年（公元前236年），秦王嬴政乘赵国攻打燕国之机，遣军由南北两路攻赵，攻占了赵国大片领土。秦王嬴政十三年（公元前234年），桓齮攻打赵国平阳，杀赵将扈辄，斩首十万。秦王嬴政十七年（公元前230年），嬴政派内史腾率军长驱直入灭韩，俘韩王安，并将韩国设为三川郡。

秦王嬴政十八年（公元前229年），秦利用赵国发生大地震和大灾荒的机会，派王翦领兵攻赵。赵国派李牧、司马尚率兵抵御，双方相持了一年。在紧要关头，秦国使出了杀手锏——离间计。王翦用重金收买了赵王的宠臣郭开，要他散布李牧、司马尚企图谋反的流言。赵王轻信谣言，派赵括替代李牧。李牧在大敌当前的形势下拒不让出兵权，赵王竟暗地派人逮捕李牧并处死了他，同时还杀掉了司马尚。这一切，无疑为秦军亡赵扫清了道路。此后，秦军如入无人之境，攻城掠地，痛击赵军。秦王嬴政十九年（公元前228年），秦军攻破邯郸，这座名城落入秦国之手。不久，出逃的赵王迁被迫献出赵国的地图降秦，赵国灭亡了。但是公子嘉却带着一伙人逃到代郡（今河北尉县），自立为王。秦王嬴政二十五年（公元前222年）秦军灭燕国之后将其俘虏。至此，秦统一了北方。

公元前231年，魏景湣王迫于秦国的强大威力，主动向秦进献出丽（骊）邑。此时，秦王嬴政正调集兵力准备向赵国发起总

攻,不想分散兵力攻魏,就接受了献地。这使得魏国又维持了数年残局。秦王嬴政二十四年(公元前223年),就在秦军主力南下攻楚的时候,秦王政派出年轻将领王贲,率军围攻魏都大梁(今河南开封)。魏军紧闭城门,坚守不出。由于大梁城防经过多年修建,异常坚固,秦军强攻不下。王贲想出了水攻的办法。秦军大批士卒被安排去挖掘渠道,将黄河、鸿沟的水引来,灌注到大梁城。三个月后,大梁的城墙壁垒全被浸坍,魏王只得投降,魏国灭亡了。

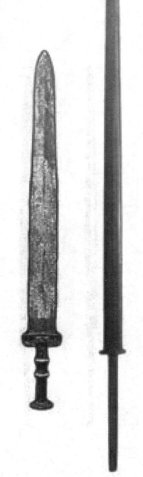

　　南方大国楚国，疆域辽阔，山林茂密，物产丰富，号称拥有甲士百万。但是，楚国的内政一直不振，总有贵族争权夺利，这种状况到战国末期尤为严重。公元前228年，楚幽王死，统治集团发生内讧。幽王的同母弟犹，即立为哀王，但仅两个多月，就被异母兄负刍的门徒杀掉了。负刍成为楚王。楚王室更加分崩离析。就在楚国发生内乱的时候，秦王嬴政二十一年（公元前226年），秦王政不失时机地从北方伐燕前线抽调秦军，南下攻楚，连续夺得楚国十余个城池。秦王嬴政

二十一年（公元前226年），秦国与楚国的决战就要开始了。秦王政先派年轻将领李信率二十万秦军攻楚，被楚军击败。后又派大将王翦率六十万秦军攻楚。王翦入楚境后，并未马上发动攻势。他总结了李信轻敌冒进的教训，采取屯兵练武、坚壁不出、麻痹敌人、以逸待劳的战略。这样，过了一年多的时间，秦军对楚地的情况基本适应，士气高昂，体力充沛。同时，被调来抗击秦军的楚国部队，斗志渐渐松懈，加上粮草不足，准备东归。楚军一撤，王翦就抓住时机下令全军出击。秦军一举击垮了楚军的主力，并长驱直入，挺入内地，杀死楚军统帅项燕。接着，秦军攻占楚都寿春（今安徽寿县），俘虏了楚王负刍，楚国灭亡，时为秦王政二十四年（公元前223年）。

在灭赵的过程中，秦国大军已兵临燕国边境。燕国君喜惶惶不可终日，眼见秦国扫平三晋，就要向自己杀来，却无计可施。燕太子丹最终想出了孤注一掷的

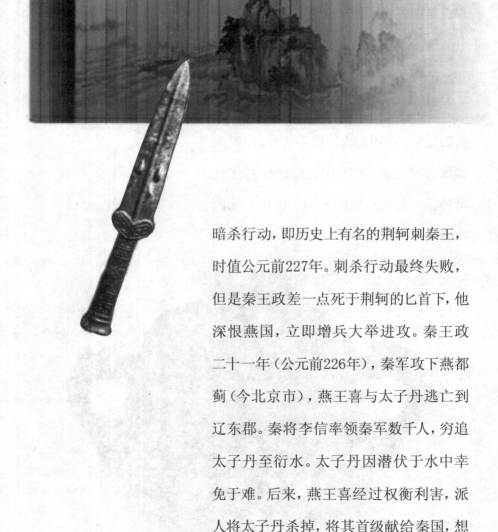

暗杀行动，即历史上有名的荆轲刺秦王，时值公元前227年。刺杀行动最终失败，但是秦王政差一点死于荆轲的匕首下，他深恨燕国，立即增兵大举进攻。秦王政二十一年（公元前226年），秦军攻下燕都蓟（今北京市），燕王喜与太子丹逃亡到辽东郡。秦将李信率领秦军数千人，穷追太子丹至衍水。太子丹因潜伏于水中幸免于难。后来，燕王喜经过权衡利害，派人将太子丹杀掉，将其首级献给秦国，想

以此求得休战，保住燕国不亡。燕王喜逃
到辽东以后，秦军主力就调往南线进攻
楚国。秦王政二十五年（公元前222年），
王贲奉命攻伐燕国在辽东的残余势力，
俘获燕王喜，燕国彻底灭亡。

　　同一年，刚在南方灭楚的大军，又乘
胜降服了越君，设置会稽郡。于是，长江
流域全部并入秦的版图。

　　秦王嬴政二十六年（公元前221年），
秦王嬴政命令王贲挥戈南下，攻打东方六

国中的最后一个——齐国。从春秋到战国中期，齐是山东诸国中比较强大的一个。但是，公元前284年燕、赵、韩、魏、楚五国攻齐，尤其是燕将乐毅横扫齐国，令齐国差点亡国，之后，齐国一直没有再强大起来。而且，此时的齐王建是个无能之辈。母亲健在时，他依赖母亲；母亲临终前，他还死皮赖脸地要母亲写下可以辅佐他的大臣的名字。齐王建十六年（公元前249年），刚毅不屈的君王后逝世，后胜任宰相。秦国迅速展开收买内应的活动，向后胜馈赠大量的黄金、玉器。后胜得了秦国的好处，就派出大批宾客相继赴秦。秦国又对他们大肆贿赂，送给金钱、珍宝，让他们回齐国后充当内应。这批人从秦国回来后，就积极地制造亲秦的舆论。他们说齐王建应西去朝秦，以表归顺，又说秦齐是姻亲，根本不用备战抗秦，也不要帮助三晋、燕、楚攻秦。正是在这种情况下，王贲南下伐齐，几乎就没有遇到过什么抵抗。王贲率军长驱直入，来到临淄，齐王建与后胜马上向秦不战而降，齐国灭亡。

秦王嬴政在十年之中，以他的雄才大略，结束了自春秋战国以来数百年的割据局面，建立了中国历史上第一个大一统封建王朝。秦王嬴政顺应了历史发展的要求，完成了历史所赋予的统一使命，在历史发展中建立了不朽的功勋。

四、建立中央集权制国家

　　秦王嬴政吞并六国，一统天下，建立了以咸阳为首都，包括"东至海暨朝鲜，西至临洮、羌中（甘青高原），南至北向户（岭南），北据河为塞、并阴山至辽东"幅员辽阔的国家，翻开了历史新的一页。但建立一个什么样的国家，在大臣之中有着不同的意见和争论。丞相王绾认为应当建立分封制，廷尉李斯则反对分封诸侯，坚持建立郡县制的中央集权制国家。

秦王嬴政从历史中看到分封使得政权分散，造成割据，有许多弊病。他认为立诸侯如同树兵，因此同意李斯的意见，决定在原来秦国政权基础上建立中央集权的国家。

（一）首称皇帝

秦王嬴政在他登上秦国王位的第二十六个年头，终于统一了中国。天下初定，39岁的秦王政急着想做的第一件事，就是要重新给自己确定一个称号。

春秋战国时期，各国诸侯都被称为"君"或"王"。战国后期，秦国与齐国曾一度称"帝"，不过这一称号在当时并不流行。已经一统天下的秦王嬴政，认为如今六国已灭，过去的那些称号都不足以显示自己的尊崇，因此想更易称号，以树

立自己作为最高统治者的绝对权威。于是，秦王嬴政下令左右大臣们议定称号。

经过一番商议，丞相王绾、御史大夫冯劫、廷尉李斯等人认为，秦王嬴政"兴义兵，诛残贼，平定天下"，功绩"自上古以来未尝有，五帝所不及"。他们援引传统的尊称，说"古有天皇，有地皇，有泰皇，泰皇最贵"，建议秦王政采用"泰皇"头衔。然而，秦始皇对此并不满意。他认为自己是"德兼三皇，功过五帝"，其历史功德为有史以来的帝王所不及，因此作为国家元首，秦王嬴政只采用一个"皇"字，而在其后加了一个"帝'字，创造出"皇帝"这个新头衔授予自己。从此以后，"皇帝"就成为中国封建社会最高统治者的称谓。秦王嬴政也就成了中国历史上第一个皇帝，他自称"始皇帝"。又规定：自己死后皇位传给子孙时，后继者沿称二

世皇帝、三世皇帝，以至万世。秦始皇梦想皇位永远由他一家继承下去，"传之无穷"。

为了使皇帝的地位神圣化，秦始皇又采取了一系列"尊君"的措施，如取消谥法（谥法始于周初，是在君王死后依其生平事迹给予带有评价性质的称号）。秦始皇认为，像这样"子议父，臣议君"的事情，很不像话，更没有意义。于是他宣布废除谥法，不准后代臣子评价自己；天子自称为"朕"。"朕"字的意义与"我"的意思相同，以前一般人均可使用，但秦始皇限定只有皇帝才能自称为"朕"，表示独尊无二；把过去的"命"改为"制"（皇帝的制度之命为制书），把"令"改为"诏"（诏书）；文书中不准提及皇帝的名字，要避讳。文件上逢"皇帝""始皇帝"等字句时，都要另起一行顶格书写；只限皇帝使用的、以玉质雕刻的大印才能称为"玺"。以上这些规定，目的在于突出天子的特殊地位，强调皇帝与众不同，强化皇权在人们心目中的神秘感。秦始皇幻想借助这些措施，使他的皇位千秋万代地由其子孙后代传续下去。

（二）建立"三公九卿"制度

为了有效地管理国家，也为了替子孙万代奠定基业，秦始皇吸取了战国时期设置官职的具体经验，建立了一套相当完整的中央集权制度和政权机构。

秦始皇建立了健全的中央集权组织。国家的最高统治者是皇帝。皇帝之下设立"三公"（中央政权机构），即丞相、太尉、御史大夫。丞相分为左右丞相，为百官之长，协助皇帝处理全国的政务；太

尉为武官之长，掌管全国的军事；御史大
夫，辅佐丞相、掌图籍秘书、奏章、监察
各级官员。

"三公"以下，是分掌具体政务的
"九卿"，九卿包括：治粟内史，掌管谷
货；郎中令，掌管宫殿掖门，负责皇帝的
安全；卫尉，掌管皇帝的警卫部队；中尉，
掌管首都的警卫工作；廷尉，掌管司法；
少府，掌管山海池泽之税和官府手工业制
造以供应皇室；将作少庥，掌管皇宫的修
建；典客，掌管国内民族事务和外事；奉

常，掌管宗庙礼仪，其属官还有太乐、太祝、太宰、太史、太卜、太医等；宗正，掌管皇室属籍；太仆，掌管皇帝车马等。三公九卿对皇帝直接负责，皇帝对重大事务做最后的裁决。这就确立了皇帝一人大权在握，突出了中央集权制的特点。

此外，秦代还有一些比较重要的官职，比如博士，"掌通古今"，即通晓古今史实以备皇帝咨询，同时负责图书收藏；典属国与典客一样，主管少数民族事务，不同的是典客掌管与秦友好的少数民族的交往，而典属国则负责已投降秦朝的

少数民族；詹事，管理皇后和太子的事
务。

　　秦王朝建立的这一套中央集权机构
的政治体制，一直为历代王朝所仿效。其
中汉代的"三公九卿"制，基本上是照搬
秦制。

（三）设立郡县制

　　秦始皇统一六国后，采纳李斯的建
议，废除分封制，改行郡县制。地方行政

机构分郡、县两级。郡县主要官吏由中央任免。郡设郡守、郡尉、郡监（监御史）。郡守为一郡的最高长官，总管一郡的政务。郡尉辅佐郡守，掌管一郡的军队。郡监负责督察一郡的官吏和百姓。秦始皇把全国分成三十六郡，后来随着疆域的不断扩大和开发以及郡制的调整，又陆续增设至四十一郡。他们是秦地：巴郡、蜀郡、陇西郡、北地郡；赵地：太原郡、云中郡、邯郸郡、巨鹿郡、雁门郡、代郡、常山郡；魏地：上郡、河东郡、东郡、砀郡、河内郡；韩地：三川郡、上党郡、颍川郡；楚地：汉中郡、南郡、黔中郡、南阳郡、陈郡、薛郡、泗水郡、九江郡、会稽郡、长沙郡、衡山郡；齐地：东海郡、齐郡、琅玡郡、胶东郡、济北郡；燕地：广阳郡、上谷郡、渔县郡、右北平郡、辽西郡、辽东郡；南越故地：闽中郡、南海郡、桂林郡、象郡；匈奴故地：九原郡。

县，按照万户以上者设令，万户以下者设长。县令、县长领有县丞、县尉及其

他属员。县令、县长是一县的最高长官，主要掌管政务，县尉掌管军事，县丞掌管司法。

县以下有乡，其主要职能是摊派徭役、征收田赋、查证本乡被告案情、参与对国家仓库粮食的保管工作。乡设三老掌教化，啬夫掌诉讼和赋税，游徼掌治安。

乡下有里，是最基层的行政单位。里有里典，后代称里正、里魁，以"豪帅"即强有力者为之。里中设置严密的什伍户籍组织，以便支派差役，收纳赋税。并规定互相监督告奸，一人犯罪，邻里连坐。

此外还有司治安、禁盗贼的专门机构，叫做亭，亭有长。亭除了管理治安，还负责接待往来的官吏，掌管为政府输送、采购、传递（文书）等事。两亭之间，相距大约十里。

由中央到郡县的政权机构中的官吏，均由皇帝一人任免，实行俸禄制。通过这套官僚机构，皇帝的权威可以直达地方，从上到下对全国进行管理。

（四）加强军队建设

军队是国家政权的重要组成部分。秦制规定男丁22岁（实际23岁）以上都要服兵役两年。分为正卒，守卫京师一年；戍卒，戍守边疆一年；更卒，在本郡、本县内服役一个月。驻守各郡的正规军叫材官，分为步兵和水兵（楼船）两种。军队的调动以虎符为凭据，军权掌握在皇帝手中。

（五）制定法律

　　为了维护地主阶级的特权，秦始皇制订了一系列的法律和刑罚。其律目有三十余种，如《田律》《关市律》《军爵律》《置吏律》《司空律》《工律》《挟书律》《盗》《贼》《连坐法》等包括了政治、经济、军事和文化等各个方面的各种法律，用以维护封建等级制度和封建秩序。在刑罚方面，以重刑为主，其刑目也有数十种,如宫刑、弃市、腰斩等刑罚。
而且常常是轻罪重判,加强对人民的监
视和镇压。

（六）用"五德终始说"确立秦
的正统地位和神化皇权

"五德终始说"是战国末年阴阳五
行家邹衍用金、木、水、火、土解释历史
变化的一种学说。规定每个朝代占有一
德,而五德相克,往复循环。认为尧舜得

土德，夏为木德，商为金德，周为火德，而秦为水德，并找出天降瑞于秦的原因，那就是据说秦孝公出猎时曾捕获一条黑龙，故称秦为水德。秦代周是水克火，因此秦始皇所建立的政权是符合天意的正统。以此向臣民灌输皇权神授的神秘观念，这种观念也正是专制主义中央集权的思想基础。

由于水色黑，因此规定礼服、旗的颜色用黑色；按照五行水主北方，北为阴、寒，因此制定严刑峻法，以体现水德的特征。同时，由于与水德相应的数为六，因此规定符的长度、法冠的高度为六寸，"车同轨"车舆为六尺，一乘为六马等等。并把"河"命名为"德水"，改历法以建亥之月为正月（即夏历十月。夏朝以建寅之月为岁首，商朝以建丑之月为岁首，周朝以建子之月为岁首）。

秦始皇用"五德终始说"来确立自己的统治地位。为了进一步神化其政权，秦始皇还登泰山举行封禅大典，用以说明秦朝的建立是得到了天神地后的帮助和承认。在泰山上设坛祭天，以报天助之功叫做"封"；在泰山下小丘梁父进行祭祀以示报地之功，叫做"禅"，以此表明秦的政权是神圣不可侵犯的。

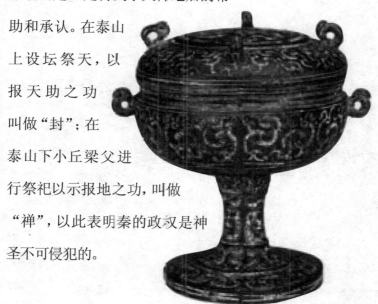

五、巩固中央集权

秦始皇所建立的中央集权制，是在消除了几百年来的分封制和封建割据的基础上建立起来的。面对这一新型的政权，那些被消灭的六国贵族以及因循守旧的儒生对它怀有敌意和不满。因此对于旧的传统势力还需要进一步扫除。

（一）扫除割据的残余势力

公元前221年，秦王嬴政灭六国后，将各地的原六国贵族和天下富豪十二万户迁到咸阳，使他们离开原先居住的地区，以消除其政治影响和削弱他们的经济实力，使其丧失复辟反抗的条件和能力，而且将其置于中央集权的直接控制之下，以便监督。

战国时期，为了割据和兼并战争的需

要，各诸侯国都修建了坚固的城郭、沿河
堤防以及长城作为防御工事。为了巩固中
央集权，秦始皇于公元前215年下令拆毁
各地城郭、决通川防、消除险阻，尽可能
清除各地反动势力赖以进行复辟活动的
手段，同时也为了方便水利和交通的建
设。六国虽然被消灭了，但是在残余的贵
族势力手中，还留有大量武器。在迁徙富
豪的同时，秦始皇向民间收缴武器，集中
于咸阳进行销毁，铸成十二个重千石的铜
人，以此来消除旧贵族的叛乱和防止人
民的反抗。

（二）焚书坑儒

焚书坑儒是秦始皇统一六国后为统制思想文化而采取的措施。战国时期，由于社会关系发生激烈变动，学术界呈现出学派林立、百家争鸣的局面。战国末年，诸国由分裂归于统一；与之相应的思想文化也出现了力求兼收并蓄、熔各家学说于一炉的趋势。秦始皇统一六国后，为了打击意识形态领域中的复辟势力和消除隐患，巩固封建国家的权力，强制推行思想文化的统一政策，焚书坑儒就是在这样的历史背景下发生的。

第一，焚书。中国的春秋战国时期（公元前770年—公元前221年）由于社会逐渐进入青铜时代，中国的社会生产力得到了较大的发展，一些平民百姓逐渐从体力劳动中解放出来。人们面对纷乱的社会状况，希望通过思索和钻研前人治世理念寻找到一条可以使社会安定，百姓不再流离失所的救世之路。于是产生了诸多的学派学说，并撰写出无数著作，史称"诸子百家"。

公元前221年，中国历史上第一个大一统的封建集权王朝——秦朝建立。由于当时社会思想文化领域"百家争鸣"，严重阻碍了秦始皇对已征服的原六国民众思想的统一。公元前2_3年在咸阳宫庆寿宴上，秦朝丞相李斯向秦始皇提出焚毁儒家经典等书籍的建议。他说愚儒"入

则心非，出则巷议，夸主以为名，异取以为高，率群下以造谤"。因为在宴会上博士淳于越提出应当进行分封，建立诸侯国，如果"事不师古"是不能长久的。秦始皇听后，让群臣各抒己见。李斯则针锋相对地指出，这些博士儒生面对新政权、新制度，提出"不师今而学古"，主张分封，恢复礼治，用儒家经典为依据"以非当世"，散布不利于中央集权的言论，造成了人们思想上的混乱。于是，秦始皇为了统一原六国人民的思想，于当年开始销毁除《秦记》以外的所有六国史书

和私藏于民间的《诗》、《书》，一直到公元前206年秦朝灭亡，史称"焚书"（《史记》卷六《秦始皇本纪》："臣请史官非秦记皆烧之。非博士官所职，天下敢有藏《诗》、《书》、百家语者，悉诣守、尉杂烧之。有敢偶语《诗》、《书》者弃市。以古非今者族。吏见知不举者与其同罪。令下三十日不烧，黥为城旦。所不去者，医药、卜筮、种树之书。若欲有学法令，以吏为师。"）。需要特别注意的是，从李斯的上书可知，当时秦帝国所有的书籍，包括明令烧毁的在内，在政府中都留有完整的备份。朱熹也云："秦焚书也只是教天下焚之，他朝廷依旧留得；如说'非秦记及博士所掌者，尽焚之'，则六经之类，他依旧留得，但天下人无有。"

隋朝牛弘提出"五厄"之说，即中国历代焚毁图书的事件，首当其冲即为秦始皇焚书，二是西汉末赤眉起义军入关，三是汉献帝移都，四是刘石乱华，五是魏师入郢。而刘大魁作《焚书辨》也毫不客气地指出："书之焚，非李斯之罪，实项羽之罪也。"据《史记·项羽本纪》记载，"项羽引兵西屠咸阳，杀秦降王子婴，烧秦宫室，火三月不灭"。秦帝国的珍贵藏书，就此付之一炬。可怜唐、虞、三代之法制，古圣先贤之微言，最终只化为一片焦土而已。

秦始皇焚书，是中国古代历史上第一次大规模地对古代文献典籍的摧残，也是中国文化史上的第一次大浩劫。

第二，坑儒。在焚书开始的第二年，即公元前212年，秦始皇在当时秦朝首都咸阳将四百六十余名术士坑杀，即为所谓的"坑儒"。

这件事是由两个术士的畏罪逃亡引起的。原来，秦始皇十分迷信方术和方术之士，以为他们可以为自己找到神仙、真人，求得长生不老之药。他甚至宣称："吾慕真人，自谓'真人'，不称'朕'。"而一些方士，如侯生、卢生之徒，也投其所好，极力诳称自己与神相通，可以得到奇药妙方。但时间一长，他们的许诺和种种奇谈总是毫无应验，骗局即将被戳穿。秦始皇为了急于得到仙药，开始了"微行"，而且其行止也不让外人知道。当他巡幸咸阳旁的宫殿区和巡幸梁山宫室时，发现有人知道他的行踪，于是他认为是侍臣等传出去

的，因而将身边的人都杀掉。而卢生则借此与方士侯生相互为谋，指责秦始皇"刚愎自用"，反对他的集权统治，"天下之事无小大皆决于上"。反对他的法治，"专任狱吏"，而"博士岁七十人"和掌"候星气者"的方士三百人均不被重用。

同时二人也知道仙药无从得到，最后必将被绳之以法。因为秦法规定："不得兼方，不验，辄死。"因此，侯生、卢生密谋逃亡，在逃亡之前，还说秦始皇刚愎自用"专任狱吏""贪于权势，未可为之求仙药"。始皇知道后大怒道："卢生等吾尊赐之甚厚，今乃诽谤我，是重吾不德也。诸生在咸阳者，吾使人廉问，或为妖言以乱黔首。"遂下令拷问咸阳四百多名术士，欲寻侯生、卢生。事后，将相关四百六十名术士全部坑杀。这一事件，后世往往和焚书并列，合称为"焚书坑儒"。但究其原委，所谓坑儒，本只是对良莠不齐的术士队伍的一次肃清而已。

当然不能说被杀的四百六十余人中没有儒生，而全是方士，但是由其代表人物可以推知，被杀的主体应该是方士，而被杀的原因更与儒家的政治主张和学派观点无关。所以即使被杀者有儒生，也并非因其为儒生而得。司马迁在《史记·儒林列传》中也有明言："及至秦之季世，焚《诗》、《书》，坑术士。"

除了坑杀在咸阳的四百六十余人外。同时还谪迁了一批人至北方边地。事情发生后，始皇长子扶苏进谏道："天下初定，远方黔首未集，诸生皆诵法孔子，今上

皆重法绳之,臣恐天下不安,唯上察之。"始
皇不仅怒而不听,还使扶苏离开咸阳,北监
蒙恬于上郡。

(三)统一各种制度

战国时期,各国的文字、货币以及计量
单位都不一致。秦始皇统一中国后,为了消
除由于长期封建割据所造成的差异,促进统
一后的发展,于是他以秦制为标准,整齐划
一地统一了全国各地区的政治、经济、文化
等方面的制度。

第一，统一文字。殷商以来，文字逐渐普及。作为官方文字的金文，形制比较一致。但是到了春秋战国时期，由于诸侯割据，各国文字存在着区域差异，而这种差异也妨碍了各地经济、文化和学术的交流和发展，同时也影响了中央政府政策法令的有效推行。于是，秦统一中原后，秦始皇下令李斯等人进行文字的整理、统一工作。

李斯以战国时秦人通用的大篆为基础，吸取齐鲁等地通行的笔画简省的蝌蛪文的优点，创造出一种形体匀圆整齐、笔画简略的新文字，史称"秦篆"，又称"小篆"，作为官方规范文字，同时废除其他异体字。此外，一位叫程邈的衙吏因犯罪被关进云阳的监狱 在坐牢的十年时间里，他对当时字体演变中已出现的一种变化（后世称为"隶变"）进行了总结。此举受到秦始皇的赏识，遂将他释放，还提升为御史，命其"定书"，制定出一种新字体，这便是"隶书"。隶书打破了古体汉字的传统，奠定了楷书的基础，

提高了书写效率。

秦始皇下令统一和简化文字，是对我国古代文字发展、演变做了一次总结，也是一次大的文字改革，对我国文化的发展起了重大作用。

第二，统一度量衡。战国时期由于各个诸侯割据，导致了各国的度、量、衡的大小、长短、轻重都不一样。秦始皇则于公元前221年，下令以商鞅制定的秦制为标准，"一法度量石丈尺"，公布于天下施行，统一全国的度量衡，淘汰与此不合的制度。秦廷还在原商鞅颁布的标准器上加刻诏书铭文，或另行制作相同的标准器刻上铭文，发到全国。与标准器不同的度、量、衡一律禁止使用。在田制上，秦王朝规定六尺（合今230厘米）为一步，二百四十步为一亩。这一亩制以后沿用千年而不变。战国时期，各国车辆形制不一。秦始皇统一全国后，定车宽以六尺为制，一车可通行全国。

第三，统一货币。战国时期各国的货币形制、大小轻重和计量单位都不相同。

有布币、刀币和圆钱。为了有利于统一后的商品交换、经济交流和国家发展，秦始皇废除了原来六国的刀、布、贝等货币体系，以"秦半两"圆钱为法定货币，通行全国。《史记·平准书》记载："及至秦，中一国之币为二（三）等：黄金以镒（溢）名，为上币；铜钱识曰'半两'重如其文，为下币；而珠玉、龟贝、银锡之属为器饰宝藏，不为币。"中国古代货币在形式上第一次得到了统一。并建立了属于国家的

专署机构，为了进一步掌握铸币权，建立
国家铸造货币的体系和专署国家机构。
从而使经济真正把握在国家手中。中国古
代货币在形式上第一次得到了统一，从
而使经济得到了进一步的发展，社会生
产力也随之提高。

第四，行同伦。"行同伦"就是端正
风俗，建立起统一的伦理道德和行为规
范。在这方面，秦王朝也给予相当的重
视。比如公元前219年，秦始皇来到泰山

下。这里原是齐国故地，号称"礼仪之邦"。始皇就令人在泰山所刻的石上记下"男女礼顺，慎遵职事，昭隔内外，靡不清净，施于后嗣"（意谓男女之间要划清界限，以礼相待，女治内，男治外，各尽其责，从而给后代树立好的榜样），予以表彰。而公元前210年在会稽刻石上留的铭文，则对当地盛行的淫泆之风，大加鞭答，以杀奸夫无罪的条文来矫正吴越地区男女之大防不严的习俗。

第五，"黔首自实田""上农除末"。公元前216年秦始皇下令"使黔首自实田"，即命令广大自耕农把占有土地的数字向政府呈报，国家以法律形式承认其土地私有，把农民束缚在土地上，稳定封建秩序，并为国家征收赋税提供依据。使地主阶级的土地私有制，在全国范围内确立起来。

为了发展封建地主阶级的经济，李斯提出："今天下已定，法令出一，百姓当家则力农工。"他主张大力发展农业生产。这一建议为秦始皇所采纳，实行"上农除末（商人）"的政策，打击商人，南戍五岭有很大一部分就是"贾人"。为了发展农业，秦始皇先后把近百万人的"黔首"或"罪徒"，迁到边疆或劳动力不足的地区垦荒，进行农业生产。如公元前219年，迁徙黔首三万户于琅玡台，免除他们十二年的赋税。公元前214年，发五十万人戍五岭与越人杂处；又迁徙罪犯充实蒙恬出兵平定的西北边疆，并在匈奴故地榆中、河东及阴山等地置四十四县。公元前212年，又迁徙三万家到丽邑，五万家到云阳，免除十年徭役。公元前211年，迁到北河榆中三万家。这些移民的迁入，促进了这些地区农业经济的发展。

（四）北伐匈奴、南戍五岭

北伐匈奴修筑长城。战国时期，居住在中国北部的匈奴，已经进入了奴隶制社会。占有今内蒙古、宁夏一带的广大草原地区。当时，中原各诸侯国忙于征战，无暇北顾，匈奴经常袭掠与其接壤的秦、赵、燕三国北部边地，并占领了秦国北部河套地区。虽然秦始皇亡并了六国，建立了中央集权的国家，但匈奴在北部的势力

仍然是对秦政权的严重威胁。尤其是秦都咸阳，更是首当其冲，故当时民间流传着"亡秦者胡也"的说法。为解除来自北方匈奴对秦的威胁，公元前215年到公元前214年，秦始皇派将军蒙恬率三十万大军北击匈奴。公元前214年春，蒙恬率主力军从上郡(郡治肤施，今陕西榆林市南)北出长城攻其东；杨翁子率偏师由肖关(今宁夏固原东南)出长城攻其西。匈奴败逃。秦遂取河南地(今内蒙古乌加河以南及伊克昭盟地)。沿河置四十四县，移民垦守。因匈奴不断来攻，次年秋，秦始皇复命蒙恬军又北渡黄河，取高阙(今内蒙古狼山中部计兰山口），攻占阳山（今内蒙古乌加河北的狼山、阴山）、北假（今乌加河以南夹山带河地区）。匈奴不敌，向北迁徙。为巩固河南地区，秦置九原郡（郡治九原，今内蒙古包头市西北）。为防止匈奴南下，蒙恬奉命征发大量民工在燕、赵、秦长城基础上，修筑了西起临洮（今甘肃岷县），东到辽东的"万里长城"。万里长城的修建，对于巩固和保护北方农业经济的发展，起到了重要的作用。

平"百越"、南戍五岭。分布在长江中下游和东南沿海以及西南一带的越人，当时被称为"百越"。他们大都处于氏族社会阶段。秦始皇在统一中国前后，对"百越"地区进行了征服。公元前223年，秦灭楚后，继续南进，征服了东南沿海一带的瓯越，设置了会稽郡。吞并六国后，派五十万大军，分兵五路向南岭进军，很快征服了闽越，设置闽中郡。进攻南越的

秦军占领了番禺（今广州）。但进攻西瓯的秦军遭到了顽强的抵抗，又加以岭南交通不便，影响秦军的粮饷供应。为了支援军需，秦始皇下令监禄率卒开湘水、漓水间的灵渠（今广西兴安县内），沟通长江和珠江水系的交通，方便了军运，最后终于全部平定了"百越"，统一了岭南广大地区，并设置了南海郡、桂林郡和象郡。公元前219年，秦始皇又征发中原几

十万人，"成五岭，与越杂处"，带去了中原先进的生产工具和先进的生产经验，促进了这一地区的经济、文化的发展，加速了民族间的融合。至此，云南、贵州（西南夷地区）以及两广、浙江、福建（百越地区）与中原连为一体，成为中国领土不可分割的部分，巩固和扩大了中央集权，为形成一个多民族的国家奠定了基础。

（五）修治驰道、开运河

秦始皇统一全国后，为了加强对全国
的控制和管理，以及供他巡行全国各地，
从公元前222年开始，秦始皇开始大举修
筑以国都咸阳为中心，向四面八方延伸出
去的交通网，类似现代的高速公路。以咸
阳为中心，修筑了东到燕（今河北、北京
一带）、齐（今山东半岛及沿海一带），南
至吴、楚（今长江中下游一带）。驰道实
行"车同轨"，均宽五十步，顺路每三丈
种植松树一棵。此后，又于公元前212年，

在蒙恬北伐匈奴后，修筑了自咸阳往北，经上郡到九原的"直道"，全长一千八百里。在西南地区的四川还修筑了五尺宽的"五尺道"和穿越岭南而开的"新道"。驰道的作用有很多，一说是使交通方便，以利管理六国旧地，一说主要目的为方便北方战争前线的补给，还有一说是方便始皇出巡时能畅通无阻。除秦直道和秦栈道外，大多在秦故地、六国旧道以及在秦征伐六国时修建的道路的基础上拓建而成。著名的驰道包括：上郡道、临晋道、东方道、武关道、秦栈道、西方道及秦直道。

秦始皇在扫灭六匡后，为方便运送征讨岭南所需的军队和物资，命史禄开凿河渠（灵渠）以沟通长江水系的湘江和珠江水系的漓江。运河最终在公元前219年至公元前215年修成。灵渠是世界上最古老的运河之一，它自贯通后，二千多年来就一直是岭南与中原地区之间的水路交通要道。

六、始皇暴政

（一）大兴土木，劳民伤财

兴修楼台殿阁。秦始皇还没有统一六国之前，就已有不少宫殿，而在统一六国期间，他更是大兴土木，每灭一国，就命人绘制其宫殿图形，然后便将该国的宫殿建筑在咸阳附近仿造一处，总面积达到了惊人的程度，整个关中地区，自渭河以北、雍门以东，直到泾河一带全部都是宫殿群。东西八百里，其中所建的离宫别馆、楼台殿阁、数不胜数。秦始皇还把原六国宫中的美女万余人以及钟鼓乐器古玩等充实其中，用来满足秦始皇骄奢淫逸的生活。

统一后的第二年，即公元前220年，秦始皇还兴建"信宫渭南"，在渭水南所建的"信宫"又称咸阳宫。因其位置在秦宫中居中，按天文星宿的中宫曰"天极"，因此又改称为"极庙"，通骊山，又建甘泉前殿，"修筑甬道（指两侧树高墙）"至咸阳。

修建阿房宫。公元前212年，秦始皇认为先王所留下的宫殿太小，同统一后的大帝国相比很不相称，于是在渭河以南的上林苑中开始营造朝宫，即阿房宫。由于工程浩大，秦始皇在位时只建了一座前殿。据《史记·秦始皇本纪》记载："前殿阿房东西五百步，南北五十丈，上可以坐万人，下可以建五丈旗，周驰为阁道，自殿下直抵南山，表南山之巅以为阙，为复道，自阿房渡渭，属之咸阳。"其规模

之大、劳民伤财之巨，可以想象。工程还未完成秦始皇便死了，于是秦二世胡亥调修建阿房宫的工匠去修建秦始皇陵，以后继续修建阿房宫，但秦王朝很快就垮台了。

相传阿房宫规模空前，气势宏伟，"离宫别馆，弥山跨谷，辇道相属"，景色蔚为壮观，传说阿房宫有大小殿堂七百余所，一天之中，各殿的气候都不尽相同。秦始皇巡回各宫室，一天住一处，至死也未把宫室住遍。后世对阿房宫的这种辉煌的想象基本来自《阿房宫赋》，唐朝杜牧的《阿房宫赋》写道："覆压三百余里，隔离天日。骊山北构而西折，直走咸阳。二川溶溶，流入宫墙。五步一楼，十步一阁；廊腰缦回，檐牙高啄；各抱地势，钩心斗角。"阿房宫变成当时非常宏大的建筑群。可以想象，阿房宫宫殿之多、建筑面积之广、规模之宏大，反映了秦始皇的穷奢极欲。

修建骊山陵墓。自秦始皇亲政后，就开始为自己修建死后用以享受的宫

殿——骊山陵墓，一直到他死后即秦二世时才完成。据《史记·秦始皇本纪》记载：征发"隐宫徒刑者七十余万人，乃分作阿房宫或作骊山"，征用了大量的劳动力。骊山陵墓高五十余丈，周围五里多长。掘地穿三泉，然后灌入铜汁加固。墓中有宫殿，设有百官席位，并藏有奇珍异宝不计其数。墓室内还以水银为百川、江河、大海，并用机械使它流动；上具天文星宿。用人鱼膏作为墓室长久照明灯具。

为了防止盗墓，墓室内设有机关，如自动

射杀武器弓弩等。

地表的陵园按照秦始皇死后依然享受荣华富贵的原则,仿照秦国都城咸阳的布局建造,大体呈回字形,陵墓周围筑有内外两重城垣,陵园内城垣周长三千八百七十米,外城垣周长六千二百一十米。陵区内目前探明的大型地面建筑为寝殿、便殿、园寺吏舍等遗址。据史载,秦始皇陵陵区分陵园区和从葬区两部分。陵园占地近八平方公里,建外城、内城两重,封土呈四方锥形。秦始皇陵的封土形成了三级阶梯,状呈覆斗,底部近似方型,底面积约二十五万平方米,高一百一十五米,但由于经历两千多年的风雨侵蚀和人为破不,现存封土底面积约为十二万平方米,高为八十七米。整座陵区总面积为五十六点二五平方公里。建筑材料是从湖北、四川等地运来的。为了防止河流冲刷陵墓,秦始皇还下令将南北向的水流改成东西向。

陵园的南部有一个土冢，高四十三米。筑有内外两道夯土城墙。内城周长三千八百九十米，外城周长六千二百四十九米，分别象征皇城和宫城。在内城和外城之间，考古工作者发现了葬马坑、陶俑坑、珍禽异兽坑，以及陵外的人殉坑、马厩坑、刑徒坑和修陵人员的墓室。已发现的墓坑有四百多座。

后来，当秦始皇在沙丘死后运回咸阳下葬时，秦二世把后宫没有生育的宫女和全部修陵人员作为陪葬关入墓中。这一惨绝人寰的决定，虽然是二世所为，但也是秦始皇生前的打算。阿房宫和骊山陵墓这两项工程花费了大量的人力、物力和财力。北方的石料，南方的木材几乎被用尽，所以后来杜牧在《阿房宫赋》中说："蜀山兀，阿房出。"

（二）寻求长生不老之药

统一中国后的秦始皇，由于大权在握，企图享尽人间的欢乐，因此到处寻求仙药以求长生。没有了灭六国时的英明，变得非常昏庸，不时大搞迷信活动。由于秦始皇怕死，因此那些鼓吹懂得占星、通鬼神、能求仙药的方士为其所重。

公元前219年，徐福来到秦王的宫廷，声称《山海经》里记载的蓬莱、方丈、瀛洲三座仙岛就在东方海中，他愿意为

秦王去那里取来不死之药。

第一次东渡，徐福并没有带回长生之药，他告诉始皇，东方的确有神药，但是神仙要三千童男童女及各种人间礼物，同时，海上航行时有鲸鱼拦路，他要强弓劲弩射退大鱼。秦始皇全盘答应了他的条件，助他东渡求取仙药。结果，徐福一去不返。

公元前215年秦始皇东巡到碣石，又让方士燕人卢生去寻找羡门、高誓二位仙人；又派韩终、侯公、石生等人去寻找神仙，以求长生不老之药。方士自知无从得到仙药，因此卢生等又骗秦始皇以"微行"，然后可得仙药，演出了一场场自欺欺人的闹剧，耗费了大量的人力、物力、财力，给人民带来了沉重的负担。

（三）重赋役，严刑罚

从战国后期到秦始皇统一中国，当时的中国人口约在两千万人左右。而秦始皇所征的徭役，按照修建阿房宫和骊山陵墓为七十万人，在北方修筑长城为五十万人，在岭南戍守五十万人，再加上修建驰道也不下几十万人计算，其总数可达到两百万人左右；在服兵役方面，蒙恬出击匈奴所率领的大军为三十万，征服岭南的大军为五十万人，再加上各个郡县与戍守的军队也不会少于一百万。综合徭役和兵役的人数多至三百余万人，这个数字占当

时人口的百分之二十，而且服兵役和徭役的都是青壮年劳动力。因此虽然经济政策是"上农"，农业经济的发展却因为繁重的兵役和徭役而遭到破坏。在"力役三十倍于古"的情况下，生产上的劳动力严重缺乏，因此出现了"男子力耕不足粮饷，女子纺绩不足衣服"，甚至出现了"男子披甲，女子转输"的现象。

更为严重的是戍边者十之五六不能生还，服徭役的人多数死于途中或死于工程之中，造成了白骨累累的惨状，给人民带来了巨大的灾难。

秦始皇为了维持他庞大的官僚机构和军队，以及满足他的奢望，要"竭天下之资财以奉其政"，当时"田租、口赋、盐铁之利二十倍于古"，人民收入的三分之二被剥夺，以供其急政之需，使阶级矛盾更加尖锐化。

暴政统治下的人民，此起彼伏地进行着各种反抗。因此出现了当一颗陨石

落到东郡时，有人在石上刻"始皇帝死而地分"的字样。秦始皇知道后，由于抓不到作案者，因而把附近居住的人全部杀光。为了反抗繁重的徭役和赋税，人民则"贺死而吊生"以示反抗，并有民谣说"渭水不清口赋起"，讽刺横征暴敛；人民还控诉了修长城所带来的灾难，流传着"生男慎勿举，生女哺用脯，不见长城下，尸骸相支柱"。人民在承担不了繁重的徭役的情况下，还直接咒骂秦始皇："阿房阿房，亡始皇。"甚至有人在华阴的平舒道拦截秦始皇的使者说："今年祖龙（指秦始皇）死。"

在阶级矛盾逐渐激化的时候，秦始皇为了确保自己的统治，对人民进行了更加残酷的镇压，把全国变成了一个大监狱。

（四）泰山封禅

公元前219年，秦始皇率领文武大臣及儒生博士七十人，到泰山去举行封禅大典。封禅是古代统治者祭告天地的一种仪式。所谓"封"，是指筑土坛祭天。所谓"禅"，是指祭地，即在泰山下小山的平地上祭地。由于长期不举行这种活动，大臣们都不知道仪式该怎样进行，于是秦始皇把儒生召来询问。儒生们众说纷纭。秦始皇听了觉得难以实施，便斥退儒生，按照自己的想法开辟车道，到泰山顶上立了碑，举行封礼。之后又到附近的梁父山行了禅礼。

七、秦始皇东巡与沙丘之死

秦始皇在统一后的十一年中，在全国进行了五次巡行。"亲巡天下，周览远方"，以此宣扬皇帝的威严和功业，加强对全国的控制。

公元前220年，即统一后的第二年，秦始皇开始了他的第一次巡行。由咸阳向西，经陇西地区到鸡头山（今甘肃平凉西），然后返回咸阳。这次要西巡，是因为秦起家于西方，秦穆公时称霸西戎，秦

孝公时又曾移风易俗。如今天下一统，秦
始皇要把"皇威"通过巡行影响到西部
地区，尤其是使西部地区居住的各少数
民族能够安于臣服，以此来安定秦国的
后院。

公元前219年，秦始皇进行了第二次
出巡，向东和东南巡行。这次出行的地区
是原来六国的地域。并一直东行到齐地
的邹峰山（今山东邹县南），登泰山举行

"封禅"大典，并刻石碑，颂扬秦统一天下的功德。之后，从琅玡南行到彭城，听说象征权力的周鼎沉没于泗水之中，秦始皇沐浴斋戒，下令一千人下水寻找周鼎，结果一无所获。又南下渡淮水到达衡山、南郡。又浮江南行，至湘山祠，遇风浪不能渡江，以为是湘君所诅，便使刑徒三千人"伐湘山树"，演出了一场人神大战的闹剧，以显示他可以与神搏斗，用以神化自己的皇权。然后由南郡经过武关回到咸阳。

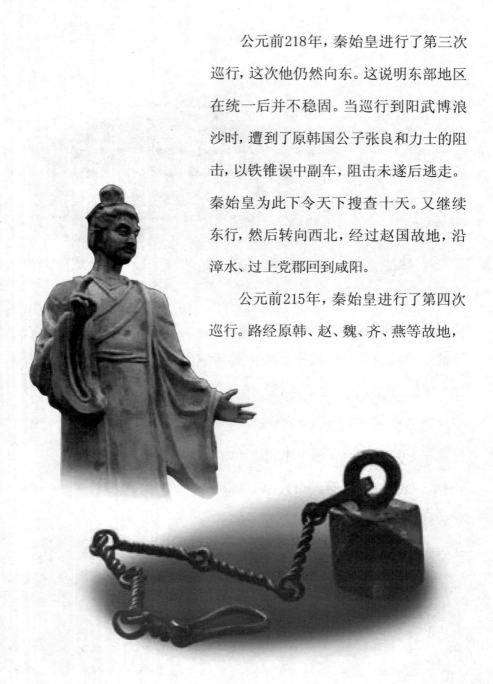

公元前218年，秦始皇进行了第三次巡行，这次他仍然向东。这说明东部地区在统一后并不稳固。当巡行到阳武博浪沙时，遭到了原韩国公子张良和力士的阻击，以铁锥误中副车，阻击未遂后逃走。秦始皇为此下令天下搜查十天。又继续东行，然后转向西北，经过赵国故地，沿漳水、过上党郡回到咸阳。

公元前215年，秦始皇进行了第四次巡行。路经原韩、赵、魏、齐、燕等故地，东达碣石。一路上看到各地仍然保留着割据时期的城防和"以令为壑"的堤防，他觉得这样不利于中央集权的巩固，因此在巡行中下令拆除。到碣石后，在刻石中特著其功："皇帝奋威，德并诸侯，初一太明，堕坏城郭，决通川防，夷去险阻。"

返回时，由碣石西向，经过右北平、渔阳、上谷、代郡、雁门、云中至上郡，一路考察了北方与匈奴接壤的边境，为北伐

匈奴做了充分的准备，然后回到咸阳，随即派蒙恬率军北伐匈奴。

公元前210年，秦始皇进行了第五次巡行，这也是他有生以来最后一次巡行。秦始皇由丞相李斯、中车府令赵高及其少子胡亥随同巡行，方向是向东南地区。由咸阳出武关至云梦，再沿长江东下，经丹阳到钱塘，在浙江改由狭中（今浙江富阳县）渡水登会稽山，祭祀大禹并刻石。又从会稽北上，由江乘（今江苏镇江北）渡江，经海路北上琅玡，取道临淄西归。

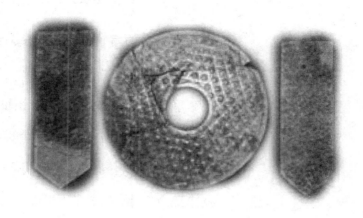

行至平原津（今山东平原县南）得了重病，因为秦始皇怕死，更忌讳说死字，因此群臣"莫敢言死事"。秦始皇病情日益加重，最后只好安排后事，令中车府令赵高给在蒙恬军中的公子扶苏写信，叫他赶回咸阳参加葬礼，信还没有交给使者送出，始皇便于七月丙寅日死于沙丘平台（今河北巨鹿东南），终年50岁。赵高、李斯和胡亥趁秦始皇死于外地之机，篡改了秦始皇给公子扶苏的书信，发动了沙丘政变，赵高等扶持胡亥即位为"二世"。

赵高等人严守秘密，秘不发丧。将棺材放置在既密闭又通风的辒凉车中，让过去受始皇宠幸的宦官做陪乘，每走到一个地方，就献上饭食，百官像平常一样向皇上奏事。宦官就在辒凉车中降诏批签。只有胡亥、赵高和五六个受宠幸的宦官知道皇上死了。赵高过去曾教胡亥写字和狱律法令等事，胡亥私下里很喜欢他。赵高与公子胡亥、丞相李斯秘密商量拆开始皇赐给公子扶苏的信。谎称李斯在沙丘接受了始皇遗诏，立皇子胡亥为太子；又写了一封信给公子扶苏、蒙恬，列举他

们的罪状，赐命他们自杀。之后继续往前
走，从井陉到达九原，正赶上暑天，皇上
的尸体在辒凉车中发出了臭味，就下令随
从官员让他们往车里装一石有腥臭气的
鲍鱼，让人们分不清是尸臭还是鱼臭。

一路行进，从直道回到咸阳后，发布
治丧的公告。皇少子胡亥继承皇位，是为
二世皇帝。同年九月，他将秦始皇安葬在
骊山。

八、历史评价

　　秦始皇是中国历史上第一位皇帝，也是"皇帝"尊号的创立者，同时也是中国皇权制度的创立者。他也是使中国进入了多民族中央集权帝制时代的人，为其后各朝代谋求统一奠定了基础。

　　秦始皇13岁即位，22岁亲政，30岁到40岁扫灭六国，并发兵南征北讨，史载"百越之地，尽皆俯首""北扩千里""秦王扫六合"，按战国地图看，领土几乎比战国七雄控制的范围扩大了一倍。而且秦始皇"设置郡县"，对征服后的土地注重统治和制度建设，为中国现在的版图奠定了基础。后人认为，"功莫大过秦皇汉武"，意指秦始皇在武功方面，排在汉武帝之前，历史上无出其右者。至今，英语中对中国的称呼China，也是从罗马语Chin（秦）演变过来的，这从一个侧面表现了秦帝国的影响力。

秦国自商鞅变法以来重视以法治国，秦始皇继承了这个传统，十分推崇法家人物韩非，曾自叹"若与其同游，则无恨

矣"，而且对将领赏功罚罪，皆依律法。
秦始皇虽专制，认为"朕即天下"，但有
秦一代，仍是以法治国。陈胜、吴广起
义，其理由也是"秦法严苛"，其罪当死，
不得不反，乃是法逼民反，而并非如后世
"朱门酒肉臭，路有冻死骨"那般因严重
腐败而官逼民反。

贾谊在《过秦论》中说：秦始皇继秦孝公以来六世的发展，终于以强大的实力扫灭六国，统一了天下，"振长策而御宇内，吞二周而亡诸侯，履至尊而制六合"，对他统一天下给予了高度的评价；对他残暴的一面，在《过秦论》中也予以指出"以暴虐为天下治"。但古代的评论，往往是站在不同的立场和角度上的，常常是顾此失彼，带有片面性。因此对于秦始皇的历史功过，今天我们要把他放到具体的历史时代中去给以全面的认识和评价。

秦始皇一生的主要活动，以建立中央集权制的国家为分界线分前后两大段。前段，是他亲征扫灭六国、建立和巩固中央集权制时期，是他展开雄才大略，建立历史功业的时期，对历史做出了巨大的贡献，其业绩是不能抹杀的。虽然统一和建立中央集权制是历史发展的必然，但也要从中看到秦始皇个人的历史作用。

秦国在发展中强大，在具备了吞并六国的条件下，秦始皇一直坚持秦的既定国策，向东扩张，消灭六国，统一天下。并果断地在十年之中，一鼓作气扫平了六国。秦始皇的英明决策是同他的雄才大略分不开的。同时，他还善于用人，勇于改错。在为统一而做的准备工作中，以及在实施统一的大业中和建立中央集权制的国家中，都充分体现了秦始皇是一位明智的、能够重用人才、听取意见、改正错误的君王，在君臣同心协力之下完成

了历史使命。而他所确立的中央集权制、郡县制、统一文字等等一直影响着两千余年的封建社会。这说明秦始皇能够顺应历史的发展，大胆地进行革新，排除传统的旧势力的影响，促进了封建社会的政治、经济和文化的发展。从这个角度上看，秦始皇不愧是一位雄才大略的帝王。

但在中央集权制建立后，秦始皇为了追求享乐，完全暴露了他的阶级本性。他大兴土木，横征暴敛，严刑峻法，不仅消耗了大量人力、物力和财力，而且严重地破坏了社会经济的发展，成了一个昏庸残虐的暴君。

秦始皇既是一位对历史发展做出了巨大贡献的政治家和功勋卓越的封建帝王，同时也是一位阻碍历史前进的罪人，他把秦王朝变成了中国历史上一个极为残酷黑暗的时代。因此，秦始皇是一位前功后过、功过参半的君王。